Vrouwen
·
Women

RIJKS MUSEUM
amsterdam

Johannes Vermeer
De melkmeid, ca. 1660
Doek, 45,5 x 41 cm

Johannes Vermeer
The milkmaid, c. 1660
Canvas, 45.5 x 41 cm

Jan Toorop

Delftsche Slaolie, 1894

Affiche voor de Nederlandsche Oliefabriek Delft

Litho, 95 x 62,5 cm

Jan Toorop

Delft Salad Oil, 1894

Poster for Nederlandsche Oliefabriek Delft

Lithograph, 95 x 62.5 cm

Ed van der Elsken
'Ann en Geri kijken naar elkaar, ze hadden mij vergeten', Parijs 1952
Foto, 47 x 47 cm

Ed van der Elsken
'Ann and Geri look at one another, they had forgotten me', Paris 1952
Photograph, 47 x 47 cm

Wallerant Vaillant
Maria van Oosterwijck, bloemschilderes, 1671
Doek, 96 x 78 cm

Wallerant Vaillant
Maria van Oosterwijck, flower painter, 1671
Canvas, 96 x 78 cm

Cesar Boetius van Everdingen

Een jonge vrouw warmt haar handen boven een vuurtest, ca. 1646

Waarschijnlijk een allegorie op de winter

Doek, 97 x 81 cm

Cesar Boetius van Everdingen

A young woman warming her hands over a coal pan, c. 1646

Probably an allegory of winter

Canvas, 97 x 81 cm

Frans Stracké
Sarah Bernhardt, vóór 1877
Marmer, h. 76 cm

Frans Stracké
Sarah Bernhardt, before 1877
Marble, h. 76 cm

Jean-Baptiste Greuze

Madame Greuze op een chaise longue met haar hondje, 1757-1760

Tekening, 34,3 x 46,8 cm

Jean-Baptiste Greuze

Madame Greuze on a chaise longue with her dog, 1757-1760

Drawing, 34.3 x 46.8 cm

Rembrandt
Naakte vrouw liggend tegen een kussen, 1661-1662
Tekening, 13,6 x 28,3 cm

Rembrandt
Nude woman lying against a cushion, 1661-1662
Drawing, 13.6 x 28.3 cm

Lambert Sustris
Liggende Venus, ca. 1550
Doek, 116 x 186 cm

Lambert Sustris
Venus reclining, c. 1550
Canvas, 116 x 186 cm

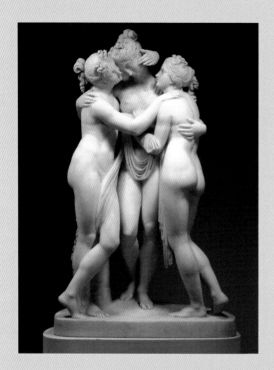

Naar Antonio Canova
De drie gratiën, ca. 1825
Marmer, h. 94 cm

After Antonio Canova
The three Graces, c. 1825
Marble, h. 94 cm

Albrecht Dürer
De vier heksen, 1497
Gravure, 19,1 x 13,4 cm

Albrecht Dürer
The four witches, 1497
Engraving, 19.1 x 13.4 cm

Pablo Picasso
De drie vriendinnen, 1927
Ets, 41,6 x 29,8 cm

Pablo Picasso
The three friends, 1927
Etching, 41.6 x 29.8 cm

John Michael Rijsbrack
Carolina, koningin van Engeland, 1738
Terracotta, h. 66 cm

John Michael Rijsbrack
Caroline, Queen of England, 1738
Terracotta, h. 66 cm

Jacob de Gheyn II
Een vrouw op haar sterfbed, 1596-1601
Tekening, 14,6 x 19,4 cm

Jacob de Gheyn II
A woman on her deathbed, 1596-1601
Drawing, 14.6 x 19.4 cm

Odilon Redon
Ophélie, la cape bleue sur les eaux, 1900-1905
Ophelia drijft met gesloten ogen in het water
tussen bloemen
Olieverf op papier, 54,5 x 49,5 cm

Odilon Redon
Ophélie, la cape bleue sur les eaux, 1900-1905
Ophelia, with eyes closed, floats among flowers
in the water
Oil on paper, 54.5 x 49.5 cm

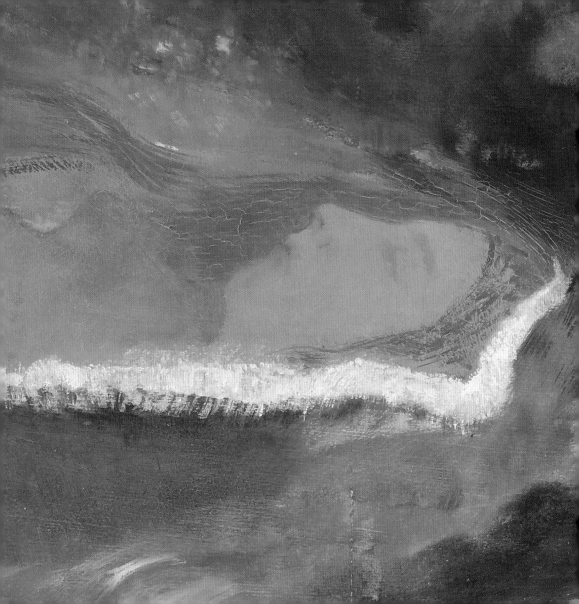

Eva Besnyö
Portret van Narda Fleming, 1937
Foto, 28,9 x 23 cm

Eva Besnyö
Portrait of Narda Fleming, 1937
Photograph, 28.9 x 23 cm

Parmigianino

Vrouwenhoofd, 1530-1535

Zwart krijt op lichtgrijs papier, 37,3 x 29,5 cm

Parmigianino

Head of a woman, 1530-1535

Black chalk on light grey paper, 37.3 x 29.5 cm

Jean Etienne Liotard
Lady Tyrell (geb. Jeanne-Elisabeth de Sellon),
ca. 1746-1748
Pastel op perkament, 63 x 48,5 cm

Jean Etienne Liotard
Lady Tyrell (b. Jeanne-Elisabeth de Sellon),
c. 1746-1748
Pastel on vellum, 63 x 48.5 cm

Gesina ter Borch
Portret van een vrouw, 1660-1680
Uit een verzamelalbum met tekeningen,
aquarellen en gouaches van diverse leden
van de familie Ter Borch
Tekening, 41 x 28,5 cm

Gesina ter Borch
Portrait of a woman, 1660-1680
From an album of drawings, watercolours
and gouaches by various members of the
Ter Borch family
Drawing, 41 x 28.5 cm

Anoniem, Meissen
Dame in hoepelrok, ca. 1736
Porselein, h. 14 cm

Anonymous, Meissen
Lady in a hoop skirt, c. 1736
Porcelain, h. 14 cm

Kees van Dongen
Gezicht van een vrouw die over een waaier kijkt,
1927
Litho, 59,3 x 38 cm

Kees van Dongen
Face of a woman looking over a fan, 1927
Lithograph, 59.3 x 38 cm

Christiaan Schröder
Spiegel met het portret van prinses Carolina
van Oranje, ca. 1757
Gegraveerd spiegelglas, h. 48,5 cm

Christiaan Schröder
Mirror with the portrait of Princess Caroline
of Orange, c. 1757
Engraved mirror glass, h. 48.5 cm

CAROLINA ... D. V. O.

Bartholomeus van der Helst
Prinses Maria Stuart, 1652
Weduwe van Willem II, prins van Oranje
Doek, 199,5 x 170 cm

Bartholomeus van der Helst
Princess Mary Stuart, 1652
Widow of William II, Prince of Orange
Canvas, 199.5 x 170 cm

Anton Raphaël Mengs

Isabel Parreno y Arce, markiezin van Llano,
1771-1772
Doek, 135 x 98,5 cm

Anton Raphaël Mengs

Isabel Parreno y Arce, Marchioness of Llano,
1771-1772
Canvas, 135 x 98.5 cm

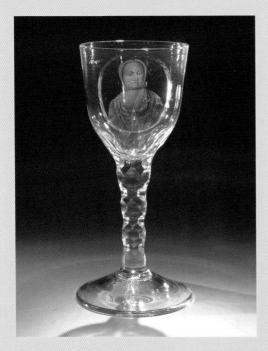

Anoniem, Engeland of Nederland
Wijnglas met een portret van Agatha Deken,
ca. 1785-1795
Glas, h. 17,5 cm

Anonymous, England or Netherlands
Wineglass with a portrait of Agatha Deken,
c. 1785-1795
Glass, h. 17.5 cm

Gerard ter Borch
Galante conversatie, ca. 1653-1655
Doek, 71 x 73 cm

Gerard ter Borch
Gallant conversation, c. 1653-1655
Canvas, 71 x 73 cm

François Boucher
Liggend vrouwelijk naakt, ca. 1745-50
Rood en wit krijt op beige papier, 29,2 x 39,1 cm

François Boucher
Reclining female nude, c. 1745-50
Red and white chalk on light brown paper,
29.2 x 39.1 cm

Anoniem, Nederland
Slapende nimf, liggend op een rustbank, ca. 1560
Albast, br. 32,3 cm

Anonymous, Netherlands
Sleeping nymph, lying on a couch, c. 1560
Alabaster, w. 32.3 cm

Anoniem, Meissen
Snuifdoos, ca. 1760
Porselein, br. 6 cm

Anonymous, Meissen
Snuffbox, c. 1760
Porcelain, w. 6 cm

Frans van der Mijn

Hoofd van een jonge vrouw, 1756

Doek, 53,5 x 42,2 cm

Frans van der Mijn

Head of a young woman, 1756

Canvas, 53.5 x 42.2 cm

Rembrandt
Naakte vrouw, gezeten op een verhoging, ca. 1631
Ets, 17,7 x 16 cm

Rembrandt
Naked woman seated on a mound, c. 1631
Etching, 17.7 x 16 cm

Jan van Scorel
Maria Magdalena, ca. 1530
Paneel, 67 x 76,5 cm

Jan van Scorel
Mary Magdalene, c. 1530
Panel, 67 x 76.5 cm

Charles Samuel
Nele, ca. 1894-1898
Compagnon van Tijl Uilenspiegel in de roman
van Charles Coster
Ivoor en vruchtenhout, h. 33 cm

Charles Samuel
Nele, c. 1894-1898
Partner of Tijl Uilenspiegel in the novel by
Charles Coster
Ivory and fruitwood, h. 33 cm

Maarten van Heemskerck
Portret van een vrouw, 1529
Paneel, 84,5 x 65 cm

Maarten van Heemskerck
Portrait of a woman, 1529
Panel, 84.5 x 65 cm

Anoniem, Castelli
Apothekersfles met Ariadne, ca. 1530-1560
Aardewerk, h. 40,5 cm

Anonymous, Castelli
Dispensing bottle featuring Ariadne, c. 1530-1560
Earthenware, h. 40.5 cm

Bartholomäus Bruyn
Portret van Elisabeth Bellinghausen, 1538-1539
Paneel, 34,5 x 24,3 cm

Bartholomäus Bruyn
Portrait of Elisabeth Bellinghausen, 1538-1539
Panel, 34.5 x 24.3 cm

Rembrandt
Jupiter en Antiope, 1659
Ets, 13,9 x 20,1 cm

Rembrandt
Jupiter and Antiope, 1659
Etching, 13.9 x 20.1 cm

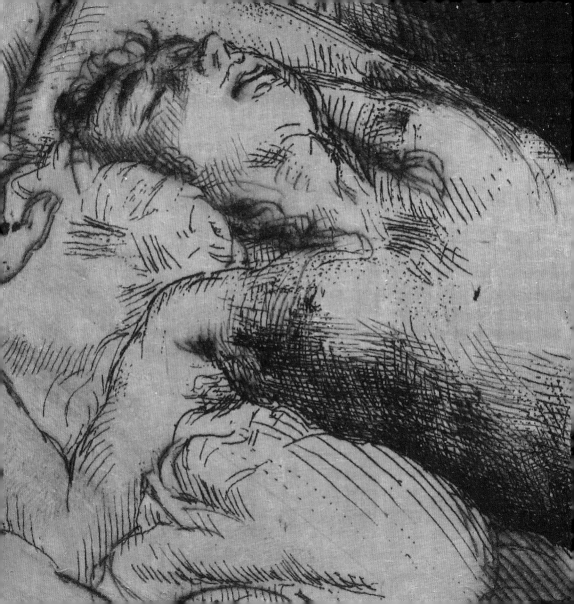

Jan Sluijters
Liggend vrouwelijk naakt, 1951
Tekening, 28,2 x 39,5 cm

Jan Sluijters
Reclining female nude, 1951
Drawing, 28.2 x 39.5 cm

Henri Matisse
Liggend vrouwelijk naakt, 1923
Ets, 19,9 x 29,9 cm

Henri Matisse
Reclining female nude, 1923
Etching, 19.9 x 29.9 cm

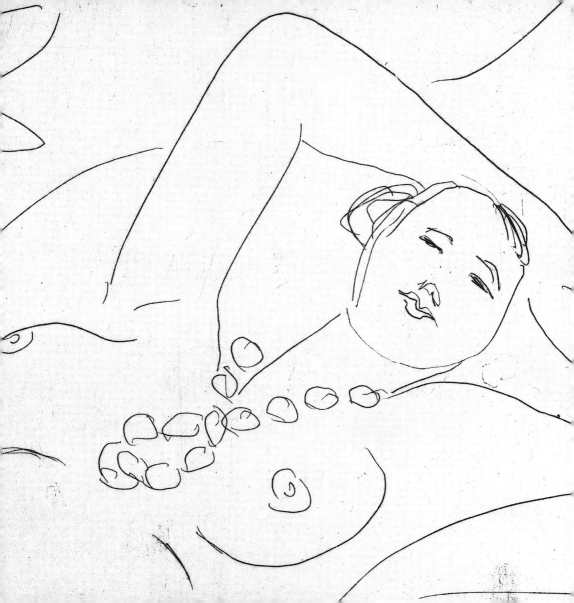

Adriaan de Lelie

De koekenbakster, ca. 1800

Paneel, 52,5 x 42 cm

Adriaan de Lelie

The pastrycook, c. 1800

Panel, 52.5 x 42 cm

Pieter de Hooch
Binnenhuis met vrouwen bij een linnenkast, 1663
Doek, 70 x 75,5 cm

Pieter de Hooch
Interior with women by a linen-cupboard, 1663
Canvas, 70 x 75.5 cm

Samuel van Hoogstraten
'De bleekzuchtige dame', ca. 1670
Doek, 69,5 x 55 cm

Samuel van Hoogstraten
'The greensick lady', c. 1670
Canvas, 69.5 x 55 cm

Andries Stock naar Jacques de Gheyn II

De waarzegster, 1606-1610

Gravure, 30,7 x 20,7 cm

Andries Stock after Jacques de Gheyn II

The fortune-teller, 1606-1610

Engraving, 30.7 x 20.7 cm

Henri de Toulouse-Lautrec
La loge au mascaron doré, 1893
Litho, 37,2 x 32,7 cm

Henri de Toulouse-Lautrec
La loge au mascaron doré, 1893
Lithograph, 37.2 x 32.7 cm

Alexander Hugo Bakker Korff
'Onder de palmen', 1880
Paneel, 17,5 x 14 cm

Alexander Hugo Bakker Korff
'Under the palms', 1880
Panel, 17.5 x 14 cm

Anoniem, Nederland
Kenau Simonsdr Hasselaer en haar wapenzusters,
ca. 1580-1590
Wol, linnen en zijde, diam. 37 cm

Anonymous, Netherlands
Kenau Simonsdr Hasselaer and her sisters-in-arms,
c. 1580-1590
Wool, linen and silk, diam. 37 cm

Edvard Munch
De sfinx, 1899
Litho, 50,2 x 65,2 cm

Edvard Munch
The sphinx, 1899
Lithograph, 50.2 x 65.2 cm

Mattheus Verheyden
Portret van Charlotte Beatrix Strick van Linschoten,
1755
Doek, 206 x 122 cm

Mattheus Verheyden
Portrait of Charlotte Beatrix Strick van Linschoten,
1755
Canvas, 206 x 122 cm

Paul Huf
Het fotomodel Rita Loonen, 1961
Foto, 25,4 x 25,6 cm

Paul Huf
The photographic model Rita Loonen, 1961
Photograph, 25.4 x 25.6 cm

Jan Borman (beeldhouwer) en Renier van Thienen (bronsgieter)
Vrouwenfiguur met uitstaande linnen kap, 1476
Brons, h. 59 cm

Jan Borman (sculptor) and Renier van Thienen (bronze caster)
Figure of a woman with protruding linen cap, 1476
Bronze, h. 59 cm

Jean-Augustin Léveillé
Leda met nimf en Amor bij bron, 1750-1800
Ets, 29,8 x 25,6 cm

Jean-Augustin Léveillé
Leda with nymph and Cupid by a well, 1750-1800
Etching, 29.8 x 25.6 cm

Willem Joseph Laquy
Toilet van een jonge vrouw, 1771
Tekening, 36,3 x 27,6 cm

Willem Joseph Laquy
Young woman's toilet, 1771
Drawing, 36.3 x 27.6 cm

Cornelis Cornelisz van Haarlem
Het toilet van Bathseba, 1594
Doek, 77,5 x 64 cm

Cornelis Cornelisz van Haarlem
The toilet of Bathsheba, 1594
Canvas, 77.5 x 64 cm

Henri de Toulouse-Lautrec
Miss May Belfort en cheveux, 1895
Litho, 31,5 x 22 cm

Henri de Toulouse-Lautrec
Miss May Belfort en cheveux, 1895
Lithograph, 31.5 x 22 cm

Anoniem, Straatsburg
David en Bathseba, ca. 1490-1500
Wol, linnen, katoen, zijde en metaaldraad,
89 x 100 cm

Anonymous, Strasbourg
David and Bathsheba, c. 1490-1500
Wool, linen, cotton, silk and metallic thread,
89 x 100 cm

Jan Miense Molenaer
De virginaalspeelster, 1630-1640
Paneel, 38,5 x 29,5 cm

Jan Miense Molenaer
Woman playing a virginal, 1630-1640
Panel, 38.5 x 29.5 cm

Anoniem, India
Hemelse dienares, 1175-1200
Leisteen, h. 83 cm

Anonymous, India
Divine servant, 1175-1200
Slate, h. 83 cm

Johannes Vermeer
'Het straatje', ca. 1658
Doek, 54,3 x 44 cm

Johannes Vermeer
'The little street', c. 1658
Canvas, 54.3 x 44 cm

Jan Mankes

Vrouw voor haar huis, 1914

Doek, 25,5 x 20 cm

Jan Mankes

Woman in front of her house, 1914

Canvas, 25.5 x 20 cm

Anoniem, India
Hemelse schone, 900-1100
Zandsteen, h. 94 cm

Anonymous, India
Divine beauty, 900-1100
Sandstone, h. 94 cm

Pierre van Hanselaere

Suzanna en de ouderlingen, 1820

Doek, 135 x 96 cm

Pierre van Hanselaere

Susannah and the elders, 1820

Canvas, 135 x 96 cm

Adam Loofs
Kandelaar met vrouwenfiguur als stam, 1687
Zilver, h. 28,6 cm

Adam Loofs
Candlestick with the figure of a woman as the stem, 1687
Silver, h. 28.6 cm

Pieter de Jode

Ontwerp voor een miskelk, ca. 1610-1620

Tekening, 39,8 x 25,5 cm

Pieter de Jode

Design for a chalice, c. 1610-1620

Drawing, 39.8 x 25.5 cm

Fra Angelico
Madonna met lelie, ca. 1440
Paneel, 94,5 x 74,7 cm

Fra Angelico
Madonna with a lily, c. 1440
Panel, 94.5 x 74.7 cm

Jean Auguste Dominique Ingres
Portret van Lady William Henry Cavendish Bentinck, 1815
Tekening, 40,8 x 28,7 cm

Jean Auguste Dominique Ingres
Portrait of Lady William Henry Cavendish Bentinck, 1815
Drawing, 40.8 x 28.7 cm

Joseph-Germain Dutalis
*Spiegel voor prinses Marianne, dochter van koning
Willem I, 1828-1829*
Verguld zilver, spiegelglas, h. 87 cm

Joseph-Germain Dutalis
*Mirror for Princess Marianne, daughter of King
William I, 1828-1829*
Silver-gilt, mirror glass, h. 87 cm

Ito Shinsui
Achter de schermen, 1955
Houtsnede, 48,7 x 35,6 cm

Ito Shinsui
Behind the screens, 1955
Woodcut, 48.7 x 35.6 cm

Gerard ter Borch

Vrouw voor een spiegel, ca. 1652

Paneel, 34,5 x 26 cm

Gerard ter Borch

Woman at a mirror, c. 1652

Panel, 34.5 x 26 cm

He Chaozong
De boeddhistische godheid Guanyin, 1675-1700
Porselein, h. 49 cm

He Chaozong
The Buddhist goddess Guanyin, 1675-1700
Porcelain, h. 49 cm

James Abbott McNeill Whistler
Portret van Effie Deans, 1876-1878
Doek, 194 x 93 cm

James Abbott McNeill Whistler
Portrait of Effie Deans, 1876-1878
Canvas, 194 x 93 cm

Jozef Israëls
'Overpeinzing', 1896
Doek, 50 x 61 cm

Jozef Israëls
'Meditation', 1896
Canvas, 50 x 61 cm

Jean Etienne Liotard
Jonge vrouw in een Turks interieur, ca. 1756-1758
Pastel op perkament, 103,8 x 79,8 cm

Jean Etienne Liotard
Young woman in a Turkish interior, c. 1756-1758
Pastel on vellum, 103.8 x 79.8 cm

Raphaël

Het hoofd van een vrouw, 1517-1520
Zwart en wit krijt op lichtgrijsbruin papier,
33 x 24,2 cm

Raphael

The head of a woman, 1517-1520
Chalk on light grey-brown paper, 33 x 24.2 cm

Man Ray
Peggy Guggenheim, 1924
Foto, 27,7 x 17,8 cm

Man Ray
Peggy Guggenheim, 1924
Photograph, 27.7 x 17.8 cm

Johannes Cornelisz Verspronck

Maria van Strijp, 1652

Paneel, 97 x 75 cm

Johannes Cornelisz Verspronck

Maria van Strijp, 1652

Panel, 97 x 75 cm

Pieter Scheemaeckers de Oude
Anna, moeder van Maria, 1700-1725
Lindehout, h. 112 cm

Pieter Scheemaeckers the Elder
Anne, mother of Mary, 1700-1725
Limewood, h. 112 cm

Gerard Dou

Oude vrouw lezend in een geïllustreerde bijbel,
ca. 1631-1632
Paneel, 71 x 55,5 cm

Gerard Dou

Old woman reading an illustrated bible,
c. 1631-1632
Panel, 71 x 55.5 cm

Rembrandt

Zittend vrouwelijk naakt voor een kachel, 1661-1662

Tekening, 29,2 x 17,5 cm

Rembrandt

Seated female nude in front of a stove, 1661-1662

Drawing, 29.2 x 17.5 cm

Jan Steen
Het toilet, 1655-1660
Paneel, 37 x 27,5 cm

Jan Steen
The toilet, 1655-1660
Panel, 37 x 27.5 cm

Hendrick Goltzius

Portret van een voorname vrouw, ca. 1586

Zilverstift op ivoorkleurig geprepareerd papier,

8,8 x 6,3 cm

Hendrick Goltzius

Portrait of a distinguished woman, c. 1586

Silverpoint on ivory-coloured prepared paper,

8.8 x 6.3 cm

Toegeschreven aan Ferdinand Bol

Elisabeth Jacobsdr Bas, ca. 1642

Doek, 118 x 91,5 cm

Attributed to Ferdinand Bol

Elisabeth Jacobsdr Bas, c. 1642

Canvas, 118 x 91.5 cm

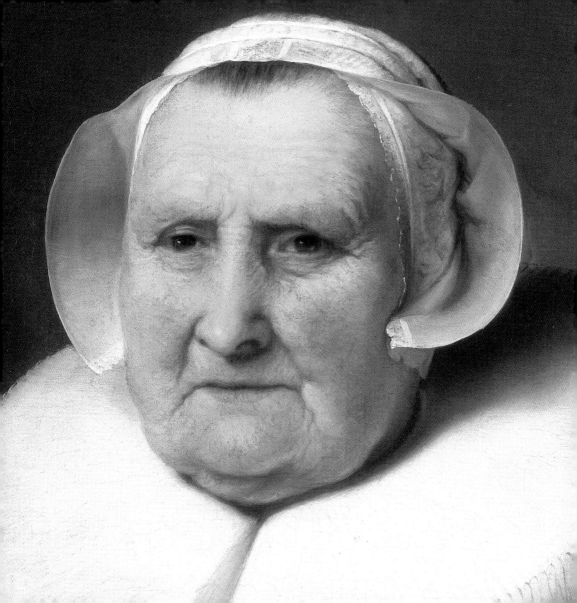

Crispijn van de Passe I
Portret van koningin Elizabeth van Engeland,
ca. 1605
Gravure, 19,2 x 15,5 cm

Crispijn van de Passe I
Portrait of Queen Elizabeth of England, c. 1605
Engraving, 19.2 x 15.5 cm

Nicolas Dupin
Habit de Cour en hyver garni de fourrures etc,
1778-1787
Gravure, 29,6 x 23 cm

Nicolas Dupin
Habit de Cour en hyver garni de fourrures etc,
1778-1787
Engraving, 29.6 x 23 cm

Jacob Jordaens
Portret van Magdalena de Cuyper, 1635-1636
Doek, 152 x 118 cm

Jacob Jordaens
Portrait of Magdalena de Cuyper, 1635-1636
Canvas, 152 x 118 cm

**Adam Weisweiler (meubelmaker) en
Pierre Philippe Thomire (bronswerker)**
Secretaire, 1804
Diverse soorten hout, porselein en verguld
brons, h. 122,5 cm

**Adam Weisweiler (furniture maker) and
Pierre Philippe Thomire (bronze worker)**
Secretaire, 1804
Various types of wood, porcelain and gilded
bronze, h. 122.5 cm

Kitagawa Utamaro
De courtisane Hitomoto van het huis Dimonjiya,
1795-1799
Houtsnede, 38,3 x 25,9 cm

Kitagawa Utamaro
The courtesan Hitomoto from the Dimonjiya
house, 1795-1799
Woodcut, 38.3 x 25.9 cm

Meester van Koudewater
Heilige Barbara, ca. 1460-1470
Zij staat boven op haar vader, de heidense
koning Dioscurus
Notenhout, h. 92 cm

Master of Koudewater
St Barbara, c. 1460-1470
She is standing on her father, the heathen
King Dioscurus
Walnut, h. 92 cm

Eve Arnold

Portret van Marilyn Monroe aan de speeltafel,
ca. 1960
Foto, 19,8 x 26 cm

Eve Arnold

Portrait of Marilyn Monroe at the gaming table,
c. 1960
Photograph, 19.8 x 26 cm

Joseph Désiré Court

Gravin de Pagès, afgebeeld als de heilige Catharina,
ca. 1840
Doek, 83 x 66 cm

Joseph Désiré Court

The Comtesse de Pagès, portrayed as St Catherine,
c. 1840
Canvas, 83 x 66 cm

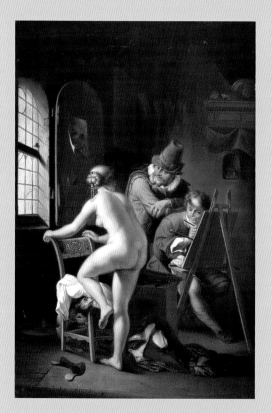

Arnold Houbraken
De schilder en zijn model, ca. 1690
Paneel, 28,5 x 19 cm

Arnold Houbraken
The painter and his model, c. 1690
Panel, 28.5 x 19 cm

Jan Muller
Prudentia, ca. 1597
Gravure, 35,4 x 19,7 cm

Jan Muller
Prudence, c. 1597
Engraving, 35.4 x 19.7 cm

Franz Xaver Winterhalter
Sophia Frederika Mathilda, 1863-1873
De eerste echtgenote van koning Willem III
Doek, 74 x 60 cm

Franz Xaver Winterhalter
Sophia Frederika Mathilda, 1863-1873
The first wife of King William III
Canvas, 74 x 60 cm

Willem Witsen
Portret van Lise Jordan met voile, 1891
Foto, 14,2 x 10,5 cm

Willem Witsen
Portrait of Lise Jordan with veil, 1891
Photograph, 14.2 x 10.5 cm

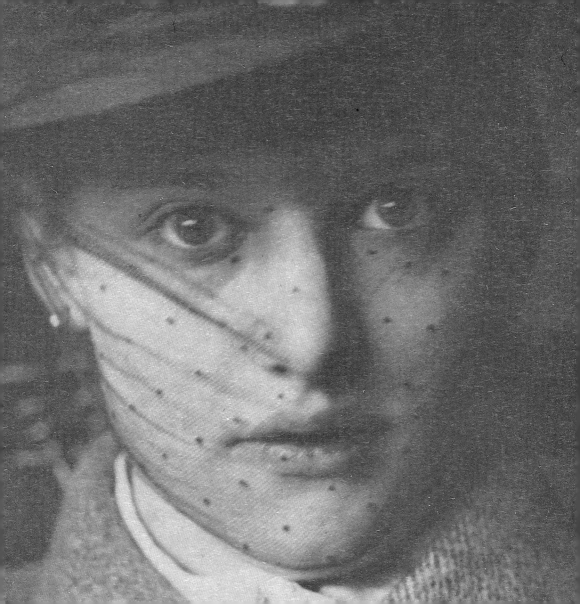

George Hendrik Breitner
Jonge vrouw in kimono, 1894
Doek, 59 x 57 cm

George Hendrik Breitner
Young woman in a kimono, 1894
Canvas, 59 x 57 cm

Anoniem, India

Een vrouw en een pauw, ca. 1800

Gouache, 18,3 x 13 cm

Anonymous, India

A woman and a peacock, c. 1800

Gouache, 18.3 x 13 cm

Thérèse Schwartze
Jonge Italiaanse vrouw met de hond Puck, ca. 1880
Doek, 144 x 103 cm

Thérèse Schwartze
Young Italian woman with Puck, the dog, c. 1880
Canvas, 144 x 103 cm

François Spiering

De geschiedenis van Cephalus en Procris, ca. 1610

Wol en zijde, 351 x 542 cm

François Spiering

The story of Cephalus and Procris, c. 1610

Wool and silk, 351 x 542 cm

Jan Adam Kruseman
Portret van mevrouw Provo Kluit-Assink, 1833
Doek, 206 x 149 cm

Jan Adam Kruseman
Portrait of Mrs Provo Kluit-Assink, 1833
Canvas, 206 x 149 cm

Gerard Valck naar Michiel van Musscher

Een zich vlooiende vrouw, ca. 1700

Mezzotint, 34,9 x 25 cm

Gerard Valck after Michiel van Musscher

A woman grooming herself, c. 1700

Mezzotint, 34.9 x 25 cm

Anoniem, Meissen
Bourdalou (po voor vrouwen), ca. 1730-1735
Porselein, br. 21,3 cm

Anonymous, Meissen
Bourdalou (chamber pot for women), c. 1730-1735
Porcelain, w. 21.3 cm

Edgar Degas
La sortie du bain, 1891-1892
Litho, 25 x 23 cm

Edgar Degas
La sortie du bain, 1891-1892
Lithograph, 25 x 23 cm

Jean Frédéric Schall
Morgentoilet, ca. 1789
Paneel, 23,5 x 17,5 cm

Jean Frédéric Schall
Morning toilet, c. 1789
Panel, 23.5 x 17.5 cm

Johannes Vermeer

Brieflezende vrouw, ca. 1662-1663

Doek, 46,5 x 39 cm

Johannes Vermeer

Woman reading a letter, c. 1662-1663

Canvas, 46.5 x 39 cm

Jan Toorop
Portret van mevrouw Marie Jeannette de Lange,
1900
Doek, 70,5 x 77,4 cm

Jan Toorop
Portrait of Mme Marie Jeannette de Lange, 1900
Canvas, 70.5 x 77.4 cm

Rembrandt

Een oude vrouw, afgebeeld als de profetes Anna,
1631
Paneel, 60 x 48 cm

Rembrandt

An old woman portrayed as the prophetess Anna,
1631
Panel, 60 x 48 cm

Anoniem, Nederland

Binnenkant van het deksel van een tabaksdoos,
1724-1750
Zilver, l. 12,4 cm

Anonymous, Netherlands

Inside of the cover of a tobacco box, 1724-1750
Silver, l. 12.4 cm

Max Pechstein

Naakte jonge vrouw op een gekleurd gestreepte mat, 1910

Tekening, 35 x 44,7 cm

Max Pechstein

Nude young woman on a coloured, striped mat, 1910

Drawing, 35 x 44.7 cm

Jacob Marius Adriaan Martini van Geffen
Een negerin in Europees-lokale kleding, 1860
Aquarel, 15,5 x 13,9 cm

Jacob Marius Adriaan Martini van Geffen
A negress in European clothing, 1860
Watercolour, 15.5 x 13.9 cm

Frans Hals
Maritge Voogt Claesdr, 1639
Doek, 128 x 94,5 cm

Frans Hals
Maritge Voogt Claesdr, 1639
Canvas, 128 x 94.5 cm

Anoniem, Frankrijk
Hanger, 16de eeuw
Geëmailleerd goud en parels, h. 3,8 cm

Anonymous, France
Pendant, 16th century
Enamelled gold and pearls, h. 3.8 cm

Anoniem, Engeland
Portret van een vrouw, ca. 1805
Miniatuur op ivoor, 8,3 x 6,3 cm

Anonymous, England
Portrait of a woman, c. 1805
Miniature on ivory, 8.3 x 6.3 cm

Rembrandt
Portret van een vrouw, 1633
Vermoedelijk Rembrandts vrouw Saskia van
Uylenburgh
Paneel, 65 x 48 cm

Rembrandt
Portrait of a woman, 1633
Probably Rembrandt's wife Saskia van
Uylenburgh
Panel, 65 x 48 cm

Thérèse Schwartze

Portret van de schilderes Lizzy Ansingh, 1902

Doek, 78 x 62 cm

Thérèse Schwartze

Portrait of the painter Lizzy Ansingh, 1902

Canvas, 78 x 62 cm

Jean Antoine Watteau
Studieblad met vrouwen, 1705-1721
Tekening, 22,9 x 35 cm

Jean Antoine Watteau
Study sheet of women, 1705-1721
Drawing, 22.9 x 35 cm

Paulus Moreelse

De schone herderin, 1630

Doek, 81,5 x 64,5 cm

Paulus Moreelse

The beautiful shepherdess, 1630

Canvas, 81.5 x 64.5 cm

Anoniem, mogelijk Antwerpen of Italië

Vrouwenportret, ca. 1535

Tinglazuur op steen, 31,3 x 29,5 cm

Anonymous, possibly Antwerp or Italy

Portrait of a woman, c. 1535

Tin-glazed stoneware, 31.3 x 29.5 cm

Jan Veth
Cornelia, Clara en Johanna Veth, 1884-1885
De drie zusters van de kunstenaar
Doek, 88,5 x 108 cm

Jan Veth
Cornelia, Clara and Johanna Veth, 1884-1885
The artist's three sisters
Canvas, 88.5 x 108 cm

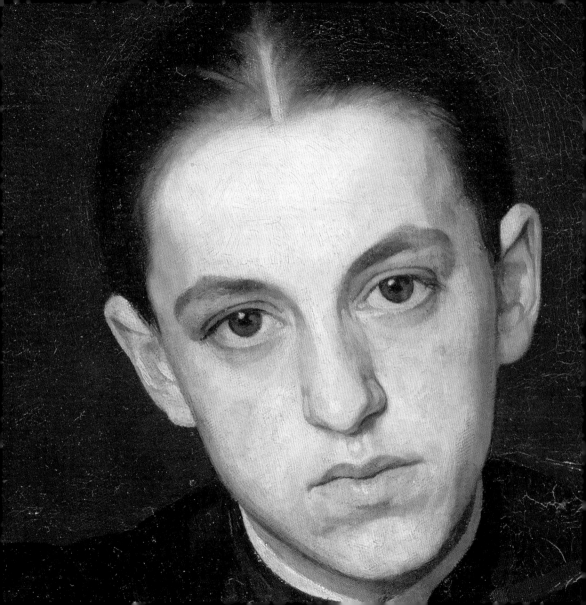

Edgar Degas

Drie vrouwen in een bordeel, ca. 1879

Monotype en pastel op lichtbruin papier,
16 x 21,5 cm

Edgar Degas

Three women in a brothel, c. 1879

Monotype and pastel on light brown paper,
16 x 21.5 cm

Rembrandt
Jonge vrouw zittend bij een raam, ca. 1638
Mogelijk Saskia van Uylenburgh, Rembrandts
vrouw
Tekening, 17,5 x 13,4 cm

Rembrandt
Young woman sitting by a window, c. 1638
Possibly Saskia van Uylenburgh, Rembrandt's
wife
Drawing, 17.5 x 13.4 cm

Christoffel Bisschop
'*Het zonnige hoekje*', ca. 1882-1883
Jonge vrouw in een kamer te Hindeloopen
Aquarel, 76 x 50,7 cm

Christoffel Bisschop
'*The sunny corner*', c. 1882-1883
Young woman in a room in Hindeloopen
Watercolour, 76 x 50.7 cm

Jean François Millet

Schaapherderin, leunend op een stok, 1860-1869

Zwart krijt, 39,5 x 29,3 cm

Jean François Millet

Shepherdess leaning on a stick, 1860-1869

Black chalk, 39.5 x 29.3 cm

Jean Baptiste Claude Odiot
Mosterdvat, ca. 1819
Verguld zilver, h. 16,9 cm

Jean Baptiste Claude Odiot
Mustard pot, c. 1819
Silver-gilt, h. 16.9 cm

Anoniem, Utrecht of Amsterdam
Heilige Ursula met haar maagden, ca. 1525
Eikenhout, h. 100 cm

Anonymous, Utrecht or Amsterdam
St Ursula with her virgins, c. 1525
Oak, h. 100 cm

Rembrandt

Portret van Maria Trip, 1639

Paneel, 107 x 82 cm

Rembrandt

Portrait of Maria Trip, 1639

Panel, 107 x 82 cm

Louis Marin Bonnet
Tête de Flore, 1769
Ets, 41 x 32,7 cm

Louis Marin Bonnet
Tête de Flore, 1769
Etching, 41 x 32.7 cm

Anoniem, Duitsland
Justitia, ca. 1600-1625
Ivoor, h. 18 cm

Anonymous, Germany
Justice, c. 1600-1625
Ivory, h. 18 cm

Jan de Bray
Judith en Holofernes, 1659
Paneel, 40 x 32,5 cm

Jan de Bray
Judith and Holofernes, 1659
Panel, 40 x 32.5 cm

Publicatie/publication:

Rijksmuseum, Amsterdam & Nieuw Amsterdam *Publishers*

© *2008 uitgave/edition:*

Rijksmuseum, Amsterdam; Nieuw Amsterdam *Publishers*

© *2008 beeld/photographs:*

Rijksmuseum, Amsterdam

Fotografie/photography:

Rijksmuseum, Amsterdam

Vormgeving/design:

Mulder van Meurs, Amsterdam

Vertaling/translation:

Lynne Richards, Philip Clarke

Lithografie/lithography:

Nauta en Haagen Oss b.v.

Druk/print:

Drukkerij Wilco b.v., Amersfoort

ISBN 978 90 8689 010 1

NUR 640, 370

Zie ook/please visit:

www.rijksmuseum.nl

www.nieuwamsterdam.nl